Я и Россия
EU E A RÚSSIA

EU E A RÚSSIA
POEMAS DE
KHLIÉBNIKOV

SELEÇÃO, TRADUÇÃO E NOTAS
Marco Lucchesi

RIO DE JANEIRO, 2014

SUMÁRIO

VIELIMIR KHLIÉBNIKOV NO BRASIL
E EM ASTRAKHAN 6

ESTA EDIÇÃO 10

AS PEDRAS DA PÉRSIA 12

POEMAS

NOTAS 66

ENTREVISTA A ZÓIA PRESTES 68

REFERÊNCIAS BIBLIOGRÁFICAS 77

Девушки, те, что шагают 20
Meninas, aquelas que passam

Мне мало надо! 24
Bem pouco me basta!

Годы, люди и народы 26
Anos, homens e povos

И вечер темец 28
A noite é sombria

Закон качелей велит 30
A lei dos balanços determina

Я и Россия 32
Eu e a Rússia

Люди, когда они любят 36
Os homens, quando amam

Пусть пахарь, покидая борону 40
O camponês, deixando a enxada

Ночь, полная созвездий 44
Noite cheia de constelações.

О, достоевскиймо бегущей тучи 46
Dostoievismo de nuvem fugaz!

Числа 50
Números

Ра — видящий очи свои в ржавой и красной болотной воде 54
Rá vê seus olhos no pântano ferruginoso e avermelhado

Дуб Персии 58
O carvalho da Pérsia

Садись, Гуль-мулла 62
Senta, Gul Mulá!

VIELIMIR KHLIÉBNIKOV
NO BRASIL
E EM ASTRAKHAN

Valerii Bossenko

O fato não se parecia com as normas acadêmicas. Lembrava mais um salto inesperado num eletrocardiograma.

Na Villa Manin, na Itália, residência do último doge veneziano, tinha lugar, em 1995, a conferência internacional sobre a obra de Pasolini, um dos últimos titãs da arte italiana do século xx. O silêncio acadêmico da sala de conferências era interrompido apenas pela fala estrangeira dos oradores. Mas de repente, contrariando as regras vigentes sobre as línguas oficiais do encontro, da cátedra se ouve: *Do svidánia, drug moi, do svidánia!* (Adeus, amigo meu, adeus!). Bom, o senhor deve se lembrar, professor Bossenko, da poesia de Iessiênin...

Foi uma afronta total. Toda essa frase foi dita com a mais pura pronúncia russa. Além de mim e do conferencista, ninguém na sala entendia russo. Em pânico eu me enfiei na poltrona, quase a ponto de renegar minha língua materna antes do primeiro canto do galo.

Tal malabarismo vinha do brasileiro Marco Lucchesi.

Todas as manhãs, quando nos encontrávamos no salão de conferências, Marco me cumprimentava alegremente. Seguia-se da parte dele uma série de perguntas, que eu não tinha tempo de responder. Tudo lhe interessava — o trabalho do seu interlocutor, a Rússia, onde ele nunca esteve, a poesia russa, que conhecia bastante, as nossas confusões políticas, e muitas e muitas outras coisas. Não consegui saber, afinal, em quantas línguas pode se expressar o meu interlocutor de 32 anos.

Como brasileiro Marco Lucchesi não poderia deixar de saber (o que logo se confirmaria) sua própria língua — o português. Como habitante da América Latina, ele não poderia ignorar o espanhol. Com um dos mais importantes editores da Alemanha ele se entendia em alemão. Na conversa com a esposa do editor ele passava para o francês. Com os participantes do simpósio ele se comunicava sem dificuldades em inglês. Durante sua comunicação, artística e elegantemente ele não leu algo escrito em italiano, ele simplesmente conversa à vontade sobre Pasolini e ainda se permitiu a brincadeira de introduzir aquela passagem em russo de Iessênin.

Pouco depois aconteceu algo inesperado. De sua pasta, Marco Lucchesi tirou um livro, *Poemas de Khliébnikov*, editado no Rio, no qual escreveu uma dedicatória. Um livro de poemas do poeta russo mais difícil do século xx, mais do que nenhum outro, um gênio da poesia praticamente intraduzível! Livro este feito com amor, com uma reprodução de Kasimir Malievitch na capa, iconografia variada no corpo do texto e o texto nas duas línguas, russo e português. Por desconhecer esta última, eu não ousaria julgar a qualidade das traduções, mas posso dar meu testemunho acerca do cuidado e minuciosidade acerca das impressões dos versos em russo que Marco traduziu. O campo de força de Khliébnikov e a energia do poeta se casaram indiscutivelmente bem com os esforços do tradutor e organizador do livro.

Não era à toa que eu estava mudo de espanto.

Em resposta ao meu pasmo, o causador da emoção tinha o direito de contar em alguma *mémoire* khliébnikoviana da minha parte e, provavelmente esperava por isso, seguindo os marcos da minha memória, por assim dizer, pois afinal de contas sou conterrâneo do poeta. Entretanto, a pausa que se seguiu foi prolongada, quase ao estilo do Teatro de Arte de Moscou. E sabe Deus que isto não foi intencional, e sim, devido à minha confusão. Aquela pausa não foi preenchida nem mesmo com os cumprimentos ao doador e agradecimentos pelo presente.

Que poderia eu dizer ao brasileiro Marco na Itália a respeito de Khliébnikov em Astrakhan?

Será que eu deveria dizer que o nome de Khliébnikov numa placa substituiu a travessa Kakhóvski, que na velha Astrakhan só era conhecida pela casa de banhos de Stoliaróv? Ou seria mais conveniente falar do fato de que nas onze séries da escola soviética o nome de Khliébnikov não foi mencionado em nenhum dos manuais, nem mesmo em letras miúdas. Era mais fácil a gente ouvir falar, ou mesmo ler de Camões ou Eça de Queirós do que do nosso Presidente do Globo Terrestre, com o qual, há quase um século, todo o mundo instruído tem uma relação de merecida admiração.

Tendo nascido e passado meus primeiros doze anos na rua Sverdlov, eu me lembro vivamente do centro de recrutamento militar defronte à entrada principal do nosso prédio, sobre o qual a cada aniversário da Revolução Soviética era colocada uma faixa vermelha flamejante com os números romanos xxx.

Mas o que o aluno da escola naquela época não percebia era que atrás do posto de recrutamento, se caminhasse mais algumas casas e atravessasse a ruela que levava até a casa de penhores, batizada com o nome do revolucionário que estivesse na ordem do dia enfileirada com outras casas havia uma em especial — a casa de Khliébnikov.

ESTA EDIÇÃO

Marco Lucchesi

Volta à superfície este livrinho de poemas de Khliébnikov.

Pertence à década dos meus vinte anos. Foi publicado timidamente, em 1993, pela editora Cromos, do saudoso Angelo Longo, com outro título. A edição sai do exílio renovada, graças à acolhida de Vivi Nabuco, amiga dos poetas de todos os quadrantes.

Mantive o essencial do espírito de outrora, tanto no estilo, como na maior parte dos poemas, com pequenas mudanças de rumo, a que se juntam outros mais recentes, formando, assim, novo conjunto.

Deixei para trás o socorro eventual aos livros de Ripellino, que me ajudou outrora nos passos mais difíceis da leitura.

Zóia Prestes discutiu beneditinamente cada verso, vírgula ou silêncio, nesta edição, de forma generosa, a quem muito agradeço. Assumo a responsabilidade do resultado final. Elas desenham meu rosto jovem, tal como eu compreendia, então, o transporte poético entre línguas, com sínteses bem marcadas ou elipses à *outrance*. É outro meu compromisso hoje com a tradução. Permaneço dentro deste livro e ao mesmo tempo vivo fora dele. Como um espelho em que parcialmente me reconheço, no rosto de meus vinte e poucos anos.

Tenho, uma vez mais, o privilégio de dedicar este livro à minha professora Zoé Stepanov, que me abriu as portas do russo desde a adolescência.

AS PEDRAS DA PÉRSIA

Marco Lucchesi

> As mãos adoro
> beijar, e adoro
> nomes firmar
> e abrir de par em par
> as portas
> da noite escura!
>
> *Insônia*,
> MARINA TZVIETÁIEVA

Ao concluir seu estudo sobre a poesia de Vielimir Khliébnikov, o crítico Ettore lo Gatto não mede palavras: "A compreensão não apenas do futurismo, mas da poesia russa contemporânea e, em geral, da poesia como fenômeno humano, já não é possível sem o conhecimento do continente Khliébnikov". Com o mesmo entusiasmo, Mandelstam o considerava um Einstein da poesia. Além deles, Jakobson e Ripellino — enquanto descia a noite sobre Roma — conversavam horas a fio sobre Nezval, Seifert, Maiakóvski e principalmente sobre as largas avenidas abertas por Khliébnikov, *the greatest poet of the century*. Um inventa-língua, um rietchevórtz, como Rosa, Pound e Joyce. Em São Paulo, Augusto de Campos e Boris Schnaiderman recriaram exemplarmente — e para surpresa do próprio Jakobson — o poema "O grilo", mantendo-lhe todas as líquidas, a partir de cujas mãos chegou ao Brasil, na companhia de Maiakóvski e Kamiênski, dentre outros.

Vielimir Khliébnikov nasce em 1885 na província de Astrakhan. Frequenta a Faculdade de Matemática, na Universidade de Kazan e, em 1908, muda-se para Petersburgo, onde se dedica à biologia e à linguística eslava, ampliando também o horizonte literário com Viacheslav Ivanov, Gorodietski e Kuzmin. Aprofunda os estudos de poesia e de filologia, e ensaia os primeiros passos no âmbito de um remanescente simbolismo. Segue depois para Moscou, ligando-se a Kamiênski, Maiakóvski e aos irmãos Burliuk. Publica os primeiros livros, de que se destaca, pouco depois, *Exorcismo com o riso*, verdadeiro *tour de force* de linguagem criativa, que inaugura a expressão "transmental", que consiste no impacto dos significantes, na solução de continuidade no uso de raízes e sufixos da língua, como um equilibrista em pleno abismo. Todo um discurso poético irredutível e fascinante, onde florescem neologismos e arcaísmos, palavras enlaçadas, palavras-cabide, planos linguísticos e históricos pluridimensionais, dentro de um grande laboratório. Funda, em 1916, a Associação dos Presidentes do Globo Terrestre, de que participam diversos artistas e intelectuais. Depois da Primeira Guerra, acompanha entusiasmado a Revolução de 1917, sob a ótica de um messianismo utópico. Segue em 1921 para a antiga Pérsia, onde acompanha a Armada Vermelha, de que resultaria o ciclo de poemas "A trompa do Gul Mulá". Após inúmeras viagens, falece em Novgorod, em 1922, deixando um legado literário de vastas proporções.

Do poeta, escolhemos poucos poemas, que abrangem aspectos reconhecidamente seus e, ao mesmo tempo, caros ao tradutor: a paixão da totalidade, a aventura da palavra e o asiatismo, de que abaixo tratamos em três tempos.

Uma sede absoluta de espaço rege a poesia de Khliébnikov. Como no Demônio de Lermontov ou no Zaratustra de Nietzsche. O Tibet aparece ao lado do Saara. O leão da Pérsia passeia com o lhama do Peru. O Ganges e o Danúbio deságuam no mesmo delta. Ferrovias ligam Moscou a Nova Iorque:

> A rede de um pescador
> entrama as capitais da Terra
> nos laços da poeira,
> nas malhas dessa melodia.

E ao mesmo tempo, a atração pelo pequeno, beirando a invisibilidade, na ciência e na fábula. O *habitat* dos grilos e dos sapos. As cidadezinhas do corpo. O brilho dos astros sob as unhas e o rosto inescrutável de Pi. O microcosmos profundamente articulado ao macrocosmos.

    O universo toma a forma de um livro, nas cinzas dos Evangelhos, dos Vedas e do Alcorão. Todos servem de prefácio ao volume do Universo, como no *Heliogábalo*, de Antonin Artaud, que bem se aplica ao poeta russo:

"Ter o sentido da unidade profunda das coisas é ter o sentido da anarquia e do esforço a ser feito para reduzir as coisas, reconduzindo-as à unidade. Quem tem o sentido da unidade tem o sentido da multiplicidade das coisas, desta poeira de aspectos através dos quais é preciso passar para reduzi-los e destruí-los".

Como o livro do mundo. O incêndio de Alexandria e o Livro futuro.

Texto plural e aberto. A poesia de Aleksandr Blok dera o primeiro passo. O infinito romântico começava a dissolver-se nas tintas do grotesco. Tiuchev com suas noites.

Penso na história de *Os saltimbancos* de Blok. Sob uma tempestade de prata, foge Arlequim acompanhado de sua amada Colombina, cujo corpo infelizmente é feito de papel. Quando Arlequim percebe o simulacro, atira-se da janela, em pleno baile de máscaras. Mas a paisagem também era falsa como Colombina. A queda produz apenas um rasgo no cenário. Mas eis que surge a Morte, ao fim da noite. E, nos primeiros raios da aurora, a Morte assume as feições de Colombina. Sopra um vento aterrador. E ainda mais triste o Pierrô:

> Cessam no sonho e na vida os confins
> d'alva e do fogo, da paz e do medo...
> os meus delírios são meus querubins...
> meu vizinho cruel: um monge negro.

Nesse jogo de espelhos, o paralelo com Khliébnikov, que opera no cenário do avesso, com outro seu infinito, galáxias de signos e constelações de números que formam a espinha dorsal do universo. Sua poesia vive imersa na esfera do criptograma, da metonímia, de grandes analogias e ousados paralelos. Caiu a quarta parede. Khliébnikov não objetiva o Arlequim. Absorve-o como se fosse uma espécie de máscara sonora. Oportuna a observação de Ripellino: "os vertiginosos confrontos e a repetição de nomes-guias instauram na dispersiva desordem uma álgebra de correspondências, uma densidade de correlatos, a soberba de um sistema".

A estrutura assume lugar de destaque entre formalistas e futuristas. Na pintura, é o fim do *trompe l'oeil*. Braque não acredita nas coisas, mas nas relações que as coisas mantêm entre si. Kandinski olha dez vezes a tela, uma a paleta e meia a natureza. Assim, em *Moscou vista da janela*, Stravinski reconhece o valor das notas no conjunto, em sua oitava, no intervalo por elas ocupado.

Compara a música à matemática. Khliébnikov, em sua linguagem transracional, inova profundamente, indo ao encontro de neologismos, bem como à "noite etimológica", aos substratos esquecidos das palavras, declinando-as internamente, abordando-as como um apaixonado arqueólogo.

O poeta busca as leis imanentes dos signos, o elo perdido entre som, conceito e imagem. A palavra assume o primeiro plano e a poesia torna-se o verdadeiro herói da poesia.

A Pérsia é tema constante das letras russas, de Khliébnikov a Kamiênski, como também de Iessiênin, que surpreende em Moscou gestos e sinais do Oriente:

> Eu amo essa cidade lamacenta,
> ainda que enrugada e envelhecida.
> A Ásia de ouro, a Ásia sonolenta
> nas cúpulas repousa adormecida.

De Moscou, Iessiênin chega ao Azerbaijão. E sonha com a Pérsia, que nem precisou conhecer, inatingível como a *Pasárgada* de Bandeira e o *Innesfree* de Yeats. Lá mesmo, em Baku, escreve os *Motivos persas*.

Khliébnikov navegara mais ao sul, buscando "as plagas cor de safira" do Irã, como as cidades de Resht e Enzeli. E dessa viagem real, nasce o ciclo "A trompa do Gul Mulá", com o sabor das coisas primordiais:

> Hoje sou hóspede do mar.
> É longa a toalha de areia.
> Um cão passa por perto.
> Farejamos. Roemos.
> Olhamos um para o outro.

Busca de alimento nas praias da Pérsia. Fome de palavras. Naquela paisagem nova, o poeta indaga o sacerdote das flores, o poder de Ahura-Mazda, de um tempo adâmico e águas lustrais.

Em pleno solstício de verão, surge o bosque dourado de Zaratustra, o reino da linguagem adormecida e confluente. Mas sobretudo a união dos opostos, como a dos animais fabulosos que habitam o palácio de Dario em Suza: corpo de leão, cabeça de touro e asas de águia.

Feras e palavras cosubstanciais. Despertá-las do sono milenar, eis a tarefa da poesia, da neblina e das sombras. Só então a fronteira entre as coisas deixará de existir.

Os dentes do tigre e a palavra-cordeiro, o lápis-lazúli e a Via-Láctea. A Terra e seus lábios, o Sol e os olhos. Tais os horizontes do poeta-sacerdote Vielimir Khliébnikov, Presidente do Globo Terrestre.

**POEMAS DE
KHLIÉBNIKOV**

Девушки, те, что шагают
Сапогами черных глаз
По цветам моего сердца.
Девушки, опустившие копья
На озера своих ресниц.
Девушки, моющие ноги
В озере моих слов.

1921

Meninas, aquelas que passam,
calçando botas de olhos negros,
nas flores de meu coração.
Meninas que pousam as lanças
no lago de suas pupilas.
Meninas que lavam as pernas
no lago de minhas palavras.

Мне мало надо!
Краюшку хлеба
И капля молока.
Да это небо,
Да эти облака!

1912-1922

Bem pouco me basta!
A crosta de pão
a gota de leite.
E mais este céu,
com as suas nuvens!

Годы, люди и народы
Убегают навсегда,
Как текучая вода.
В гибком зеркале природы
Звезды — невод, рыбы — мы,
Боги — призраки у тьмы.

1915

Anos, homens e povos
fogem para sempre,
como água corrente.
No espelho dúctil da natureza
somos os peixes — rede, as estrelas,
os deuses: fantasmas e trevas.

*И вечер темец,
И топол земец,
И моречи,
И ты, далече!*

1921

A noite é sombria,
e o álamo, frio,
o marressoante,
e tu, bem distante!

Закон качелей велит
Иметь обувь то широкую, то узкую.
Времени то ночью, то днем,
А владыками земли быть то носорогу, то человеку.

1912

A lei dos balanços determina
o uso de sapatos ora largos, ora apertados.
Que faça dia e faça noite,
que reinem sobre a terra, ora o rinoceronte, ora o homem.

Я и Россия

Россия тысячам тысяч свободу дала.
Милое дело! Долго будут помнить про это.
А я снял рубаху,
И каждый зеркальный небоскреб моего волоса,
Каждая скважина
Города тела
Вывесила ковры и кумачовые ткани.
Гражданки и граждане
Меня — государства
Тысячеоконных кудрей толпились у окон.
Ольги и Игори,
Не по заказу
Радуясь солнцу, смотрели сквозь кожу.
Пала темница рубашки!
А я просто снял рубашку —
Дал солнце народам Меня!
Голый стоял около моря.
Так я дарил народам свободу,
Толпам загара.

1921

EU E A RÚSSIA

A Rússia libertou milhares e milhares.
Um gesto nobre! Um gesto inesquecível!
Mas eu tirei a camisa
e cada arranha-céu espelhado de meus cabelos,
cada ranhura
da cidade do corpo
expôs seus tapetes e tecidos de púrpura.
As cidadãs e os cidadãos do estado Mim
juntavam-se às janelas dos cabelos,
as olgas e os ígores,
não por imposição,
para saudar o Sol olhavam através da pele.
Caiu a prisão da camisa!
Nada mais fiz que tirá-la.
Estava nu junto ao mar
Dei Sol aos povos de Mim!
Assim eu libertava
milhares e milhares
as brônzeas multidões.

Люди, когда они любят,
Делающие длинные взгляды
И испускающие длинные вздохи.
Звери, когда они любят,
Наливающие в глаза муть
И делающие удила из пены.
Солнца, когда они любят,
Закрывающие ночи тканью из земель
И шествующие с пляской к своему другу.
Боги, когда они любят,
Замыкающие в меру трепет вселенной,
Как Пушкин — жар любви горничной Волконского.

1911

Os homens, quando amam,
dão longos olhares
e longos suspiros.
As feras, quando amam,
turvam os olhos,
dando mordidas de espuma.
Os Sóis, quando amam,
vestem a noite com tecidos de terra,
e dançam majestosos para a amada.
Os deuses, quando amam,
prendem o frêmito do cosmos,
como Puchkin — a chama de amor da criada de Volkónski.

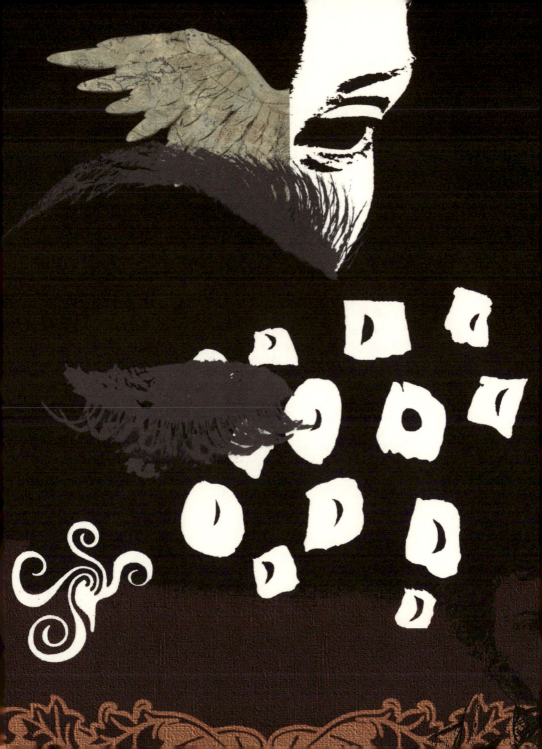

Пусть пахарь, покидая борону,
Посмотрит вслед летающему ворону
И скажет: в голосе его
Звучит сраженье Трои,
Ахилла бранный вой
И плач царицы,
Когда он кружит, черногубый,
Над самой головой.
Пусть пыльный стол, где много пыли,
Узоры пыли расположит
Седыми недрами волны.
И мальчик любопытный скажет:
Вот эта пыль — Москва, быть может,
А это Пекин иль Чикаго пажить.
Ячейкой сети рыболова
Столицы землю окружили.
Узлами пыли очикажить
Захочет землю звук миров.
И пусть невеста, не желая
Носить кайму из похорон ногтей,
От пыли ногти очищая,
Промолвит: здесь горят, пылая,
Живые солнца, и те миры,
Которых ум не смеет трогать,
Закрыл холодным мясом ноготь.
Я верю, Сириус под ногтем
Разрезать светом изнемог темь.

1921-1922

O camponês, deixando a enxada,
contemple o voo de um corvo
e diga: em sua voz ressoa
a Guerra de Tróia,
a ira de Aquiles,
o pranto de Hécuba,
enquanto volteia
sobre nossas cabeças.
Que a mesa empoeirada
deixe desenhos
nas pardas profundezas das ondas.
Estranhos desenhos.
Um menino curioso dirá:
Essa poeira é Moscou
talvez o pasto de Pequim ou de Chicago.
A rede de um pescador
entrama as capitais da Terra
com os laços da poeira,
na malha sonora dos séculos.
E a noiva não desejando
trajar debrum de unhas fúnebres
afirme, ao limpá-las: aqui resplandecem
vivos Sóis e tantos mundos
de todo inatingíveis,
que a unha cobriu com carne fria.
Creio que Sirius resplandece sob as unhas
rompendo com seu brilho a escuridão.

Ночь, полная созвездий.
Какой судьбы, каких известий
Ты широко сияешь, книга?
Свободы или ига?
Какой прочесть мне должно жребий
На полночью широком небе?

1912

Noite cheia de constelações.
De que destino e informações,
brilhas, ó livro, intensamente?
Será por jogo ou livremente?
Ler a sorte, quanto me basta,
à meia noite, em céu tão vasto?

О, достоевскиймо бегущей тучи!
О, пушкиноты млеющего полдня!
Ночь смотрится, как Тютчев,
Безмерное замирным полня.

1908-1909

Dostoievismo de nuvem fugaz!
Puchkínotas de um lento meio-dia!
A noite tiucheviza sempre mais,
cobrindo de infinito as cercanias.

Числа

Я всматриваюсь в вас, о, числа,
И вы мне видитесь одетыми в звери, в их шкурах,
Рукой опирающимися на вырванные дубы.
Вы даруете единство между змееобразным движением
Хребта вселенной и пляской коромысла,
Вы позволяете понимать века, как быстрого хохота зубы.
Мои сейчас вещеобразно разверзлися зеницы
Узнать, что будет Я, когда делимое его — единица.

1912

NÚMEROS

Eu vos contemplo, ó números!,
E vós me vedes, vestidos de animais, em suas peles,
As mãos sobre carvalhos destroçados,
Ofereceis a união entre o serpear
Da espinha dorsal do universo e a dança da balança.
Permitis a compreensão dos séculos, como os dentes numa
                              [breve gargalhada.
Meus olhos se arregalam intensamente.
Aprender o destino do Eu, se a unidade é seu dividendo.

Ра — видящий очи свои в ржавой и красной болотной воде,
Созерцающий свой сон и себя
В мышонке, тихо ворующем болотный злак,
В молодом лягушонке, надувшем белые пузыри в знак
                                         [мужества,
В траве зеленой, порезавшей красным почерком стан у
                                  [девушки, согнутой с серпом,
Собиравшей осоку для топлива и дома,
В струях рыб, волнующих травы, пускающих кверху пузырьки,
Окруженный Волгой глаз.
Ра — продолженный в тысяче зверей и растений,
Ра — дерево с живыми, бегающими и думающими листами,
                                    [испускающими шорохи, стоны.
Волга глаз,
Тысячи очей смотрят на него, тысячи зир и зин.
И Разин,
Мывший ноги,
Поднял голову и долго смотрел на Ра,
Так что тугая шея покраснела узкой чертой.

1921

Rá vê seus olhos no pântano ferruginoso e avermelhado,
contemplando a si mesmo e a seu sonho
no ratinho que rouba delicado o cereal pantanoso,
na jovem rã que incha bolhas brancas em sinal de desafio,
na grama verde que corta com escrita vermelha o corpo
                        [da moça curvada como a foice,
enquanto reúne carriços para o fogo e para a casa,
na correnteza de peixes que movem as matas e soltam
                        [pequenas bolhas para a superfície,
cercado por um Volga de olhos.
Rá—prolongado em milhares de plantas e de animais;
Árvore de folhas vivas, fugazes, pensantes, que sibilam e gemem.
Um Volga de olhos,
mil olhos o seguem, mil raios.
E Rázin
após lavar os pés,
ergue a cabeça contemplando Rá,
até que o pescoços se adelgace num filete avermelhado..

Дуб Персии

Над скатертью запутанных корней
Пустым кувшином
Подымает дуб столетние цветы
С пещерой для отшельников.
И в шорохе ветвей
Шумит созвучие
С Маздаком Маркса.
«Хамау, хамау!
Уах, уах, хаган!» —
Как волки, ободряя друг друга,
Бегут шакалы.
Но помнит шепот тех ветвей
Напев времен Батыя.

1921

O CARVALHO DA PÉRSIA

Na trama de espessas raízes,
como um cântaro vazio,
ergue o carvalho as flores seculares
com uma gruta para anacoretas.
Ao som dos ramos
sibila a consonância
de Marx e Mazda.
"Chamau, chamau!
Uach, uach, chagan!"
Quais lobos açulados
Espalham-se os chacais.
E o ressoar da ramagem recorda
a melodia dos tempos de Báty.

— Садись, Гуль-мулла.
Черный горячий кипяток, брызнул мне в лицо?
Черной воды? Нет — посмотрел Али-Магомет, засмеялся:
— Я знаю, ты кто.
— Кто?
— Гуль-мулла.
— Священник цветов?
— Да-да-да.
Смеется, гребет.
Мы несемся в зеркальном заливе
Около тучи снастей и узорных чудовищ с телом железным,
С надписями «Троцкий» и «Роза Люксембург».

—Senta, Gul Mulá!
Uma bebida quente banhou o meu rosto.
—Água negra? Olhou-me Ali Mohammed, pondo-se a rir:
—Eu sei quem você é.
—Quem?
—Um Gul Mulá.
—Um sacerdote das flores?
—Sim-sim-sim,
Rema e sorri.
Navegamos num golfo espelhado
junto a uma nuvem de amarras e monstros de ferro
chamados "Trotski" e "Rosa Luxembrugo".

NOTAS

VIELIMIR KHLIÉBNIKOV NO BRASIL E EM ASTRAKHAN
O texto de Valerii Bossenko foi publicado no jornal *Khliebnikovaskaia Veranda*, na cidade de Astrakhan, fevereiro de 1999, p. 1. Saiu posteriormente, em forma resumida, como aqui se encontra, na revista *Comunità Italiana*, Niterói, setembro, 2007, p. 13. A tradução é da professora Maria Aparecida Botelho Pereira Soares.

MENINAS, AQUELAS QUE PASSAM
Exemplo de imagem deslocada (*sdvínuti obraz*): botas de olhos negros. Como lembra Krystyna Pomorska "uma parte do possuidor se transfere para o objeto transferido". Como no quadro *O fumante*, de Juan Gris. "Passam", em vez de "marcham", as meninas, por motivos sonoros.

A NOITE É SOMBRIA
O original "o álamo é terra" foi traduzido como "frio" para atender à rima. A forma de "marressonante" (mar/ressonante) corresponde а моререче.

EU E A RÚSSIA
Cidades e arranha-céus. O estado Mim. O *astrum in corpore*, o firmamento de Paracelso. Imagens liliputianas. Penso nos fractais: "Swedenborg pretende, na sua teoria da natureza, (...) que os pulmões se decompõem num certo número de pequenos pulmões, o fígado em pequenos fígados, o baço em pequenos baços..." *in* Mandelbrot, 1991: 234. Khliébnikov persegue a ontologia do contínuo. *Natura non facit saltus*. O príncipe Igor de Kiev (912-945) e sua esposa Olga: as malhas da história no corpo do Universo.

OS HOMENS, QUANDO AMAM
A criada de Volkónski, por quem Puchkin teria sentido uma paixão cintilante. Flutua o desejo dos deuses.

O CAMPONÊS DEIXANDO A ENXADA
A riqueza do poema consiste na tensão entre micro e macrocosmos, no drama da unidade e nas suas ressonâncias. Astros sob as unhas. Cidades na poeira. Tudo em tudo. Os modos de Spinoza (*Ethica*, I, 29, escólio). As sementes de Anaxágoras (frag. 509). A História noturna de Borges. O brilho de Sirius e o Corpo de Hipócrates: "*Das Bedeutsame aber ist, daß der wahre hippokratische Arzt kosmisch orientiert ist: daß er den Menschen als einen Teil des Weltganzen auffasst, den Mikrokosmos stets im Zusammenhang mit dem Makrokosmos sieht, in dem dieselben Gesetze gelten und dieselben Substanzen vorhanden sind wie im Menschen*" (Hip. 1959: 24).

DOSTOIEVISMO DE NUVEM FUGAZ
Paisagem de sombras, derivada e remissiva. Paisagem suprareal. Puchkin e Dostoievski como pontos geográficos. Tiuchev, poeta noturno. Fios discursivos e nomes-guias.

NÚMEROS
Além da biologia, o poeta cursou matemática na Faculdade de Kazan. Estudou o espaço de Lobatchévski. Imaginava um céu de equações. E aqui parece concordar com os pitagóricos, os quais "supunham que as coisas reais eram números, não, porém, números separáveis, mas números de que as coisas reais se compunham" (Aristóteles Met., N 3, 1090 a 20). Bela e terrível a dimensão da unidade. Quadro de Malievitch *A carregadora de água*, referido a *pliáskoi koromysla*.

RÁ
Tudo nasceu do olho de Rá. A dimensão aquífera testemunha sua origem, com o deus Nun erguendo o barco solar. De Wallis Budge, dois trechos de um hino a Rá: "Faz viver todos os animais, e a terra beber sem cessar, é (...) o dador da semente, e faz reflorir todos os locais de trabalho". E ainda: "vive em todas as coisas. Multiplica-se milhões de vezes, e possui multidões de formas e multidões de membros". Stiepan Rázin (líder de uma revolução cossaca, 1667-1671) é um fetiche sonoro, um fantasma, um signo plural que assombra a poesia de Khliébnikov.

O CARVALHO DA PÉRSIA
Encontro da história com a metafísica, de Marx e Mazda. Árvore universal e confluente. Signos rituais. Estranha melodia. Cosubstancialidade de Lévy-Brühl. Fim das diferenças. Báty, fundador da Horda de Ouro (1251), marca a dominação dos mongóis na Rússia.

SENTA, GUL MULÁ!
Do ciclo "A trompa do Gul Mulá". O poeta, seguindo o Exército Vermelho, chega ao litoral da Pérsia. Primavera de 1921. Água negra refere-se a glaucoma (*Tvorenia*, 1986: 687). *Trotski* e *Rosa Luxemburgo* são navios ancorados no mar Cáspio.

ENTREVISTA
A ZÓIA PRESTES*

*Entrevista concedida a Zóia Prestes para a tese *Quando não é quase a mesma coisa: análise de traduções de Lev Semionovitch Vigotski. Repercussões no campo educacional*. Brasília, UNB, 2010.

ZÓIA — A tradução é uma arte?
MARCO — Não tenho dúvida. E sobretudo aquela mais sinfônica, ou seja, a que demanda muitas partes e instrumentos, tonalidades e camadas de harmonia. Como a tradução de Pasternak do *Fausto* de Goethe. Ou de Nerval, debruçada sobre o mesmo *Fausto*.

Z — Você valoriza mais a tradução direta do original? Por quê?
M — Sim, desde que não se perca a centelha misteriosa do texto de origem, mesmo que seja um breve fio de luz. Conhecer o original é condição necessária, não suficiente. O tradutor precisa conhecer bem a língua de chegada e a variedade de sua tradição literária. Assim, existem traduções feitas do original por estrangeiros — exceção do saudoso Paulo Rónai e de poucos — que tornam ilegível a leitura em português.

Z — Você acha que toda tradução indireta é ruim? Por quê?
M — Depende de quem, das condições, das circunstâncias. Deve-se evitar, a princípio. Mas não é um aval absoluto. Bilac traduziu maravilhosamente um poema de Puchkin, do francês.

Z — Existem obras "intraduzíveis"? O que seria para você uma obra impossível de traduzir?
M — Toda a obra é sempre — do ponto de vista kantiano — intraduzível. Há quem abrace velhas e impossíveis noções da equivalência entre as palavras. E aqui saímos de Kant para o Gênesis. Certas obras apresentam maiores dificuldades. Mas, apesar de saber que o ponto de partida aponta sempre ao

impossível, apesar ou por causa disso, é preciso estabelecer uma poética da tradução, que permita uma clareira de possibilidades. Assumir atitude semelhante é preparar um terreno de beleza e precisão.

z — Quais são as características mais importantes de um bom tradutor?
m — A paixão visceral da língua e a condição absoluta de leitor. Absoluta. Arrogante e apaixonada. O conhecimento linguístico não se esgota, antes se desdobra em estratégias discursivas, deslocamentos semânticos e decisões de léxico e morfologia. Mas, se o tradutor não se emociona com o último poema de Iessiênin, ou com a harmonia precária de um Rashkolnikov, como poderá operar apenas com categorias linguísticas?

z — Para um tradutor basta conhecer somente um outro idioma ou deve ter outras qualidades?
m — Todas as qualidades possíveis. Insisto na palavra leitor-tradutor. Quase algo assim como *leitradutor*. Escrito assim, tem-se a impressão que o tradutor legisla — embora também o faça, em sua precária república de nomes. O tradutor deve assumir com variados horizontes culturais. A condição de leitor impõe-lhe essa tarefa. Como se conhecer duas línguas fosse bastante... Mas não é! Lembro de Lucien Febvre, dizendo aos historiadores: não sejam historiadores, mas antes, arqueólogos, estudiosos de direito, amantes da arte, leitores de economia e sociologia, atentos aos estudos teológicos, científicos e literários, só depois a história virá com mais vigor. O mesmo para os tradutores: sejam tudo menos tradutores. Façam esse percurso, e só depois voltem ao estado inicial. Se não conhecemos a literatura brasileira e portuguesa a fundo, não inventamos a terceira margem necessária.

z — Uma tradução exige melhor conhecimento da língua de partida ou da língua de chegada? O que é mais importante?
m — As duas claramente. Mas se tivesse de escolher, diante de um pelotão de fuzilamento — como aquele contra Dostoievski — eu penderia para a língua de chegada. É como se traduzissem Machado em russo, com a língua de *Os irmãos*

Karamazov ou com a de *Pais e filhos* de Turgueniev. A coisa muda totalmente. Ficaríamos, talvez, mais felizes com a segunda opção. Mas o exemplo se deu diante das armas em riste de sua pergunta. Prefiro as duas opções.

z — Quais os problemas mais graves numa tradução?
m — A má-leitura. A tradução que não busca a sintonia entre duas tradições culturais, que não traça a delicadeza de uma ponte-pênsil e opera com formas surdas. Porque não se deve jamais perder a poesia, mesmo na prosa. A poesia é um perfume que se insinua em todos os quadrantes da palavra.

z — Existem alguns indícios de uma tradução ruim? Quais são os mais fáceis de identificar?
m — Insisto com a leitura equivocada. Acréscimos, paráfrases inseridas no texto de chegada e ausentes no original. O aplainamento como resultado contra o que é áspero no original. Escolhas redutoras, de ordem paternalista na hora de traduzir. Mas é preciso saber que o não-erro absoluto não existe. Erramos sempre, apesar dos cuidados e exorcismos.

z — Como podemos identificar uma tradução ruim quando não conhecemos a língua original da obra?
m — Chamo de verossimilhança da tradução quando se harmonizam (se for este o caso, ou quando se desarmonizam, propositadamente) os elementos da língua dois. Assim, o cenário, o tratamento, as mudanças morfossintáticas, tudo pode ser checado na língua de chegada. Isto é: ver se as coisas funcionam bem na língua do leitor para a qual se destina aquela tradução. Através de verossimilhança, um parâmetro se insinua. Não funcionar, de acordo com o contexto, pode ser um gesto de saúde da tradução.

z — Como você analisa a atividade de tradutor? Descreva um pouco como você trabalha numa tradução.
m — Traduzi algumas coisas. Trabalho de insônia. Dicionários a não mais poder. E sempre se pode mais. Uma relação de conflito. Orações a São Jerônimo. E um sentimento de imperfeição. De coisa inacabada. Idas e vindas. Satisfação razoável. A tradução

é como o velho Portugal que espera inutilmente a volta de dom Sebastião. Como a Rússia de Khliébnikov e o ciclo do Gul Mulá.

z — Vigotski (meu objeto de estudo, que é um estudioso que elaborou a teoria histórico-cultural) dizia que toda tradução é uma deformação? Você concorda? Por quê?
m — Certamente. E nos termos como ele o define. Começa deformando. E depois transforma. Perdas e ganhos. Apuros. Desacertos. Deforma, porque não entra na metafísica da língua. Cada língua sendo um tônus solitário, rude, feroz, impenetrável. Um gesto de violência. Ou de insubordinação. Mas sem isso...

z — Como poeta você acha que a forma e o conteúdo podem ser traduzidos ou deve-se, numa tradução, optar por um dos dois?
m — Sou radical. Mesmo sabendo dos aspectos aditados acima — impossibilidade, deformação, deslocamento — escolho as duas coisas. Como traduzir "Insônia" de Marina Tzvietáieva, sem aquela música estranha, os ventos da noite, os gansos e a melancolia? Como explicar a "Dama" de Blok, o "Homem negro" de Iessiênin ou a noite profunda de Tiuchev, sem o matrimônio do céu e da terra, ou seja, o casamento da forma e do conteúdo, inseparáveis? A não ser dentro de uma perspectiva meramente instrumental.

z — As primeiras traduções de escritores como Dostoievski e Tolstoi foram feitas para o português, no Brasil, a partir do francês. Você lembra se leu essas traduções ou se leu em francês? Gostou do que leu?
m — Li no início em português, através da França. Mas também em italiano, que iam ao original, além do alemão e do inglês. Lia aos doze anos, com o samovar em pleno verão carioca. Essas traduções me pareciam boas. Quatro anos depois decidi estudar o russo com a professora Zoé Stepanov.

z — Vigotski via na obra literária um meio não de satisfação, mas de "refundição" do ser humano por meio da emoção e da imagem que a palavra representa. Você concorda com essa afirmação? (p. 117 do Iarochevski)
m — Estou completamente de acordo. Seria impossível a vida

sem essa busca de refundição. E a literatura é uma pátria ambígua e solidária.

z — Para Vigotski a percepção de uma obra de arte não é uma contemplação passiva, mas uma forma de cocriatividade que exige da pessoa um trabalho espiritual intenso. O que você acha dessa afirmação?
m — É o caso do leitor-tradutor. Para Eco, a literatura é uma espécie de máquina preguiçosa. Precisamos trabalhar sempre. O autor precisa do corpo e da alma do leitor, a um tempo protagonista e coautor do livro que percorre.

z — Você escreve seus poemas em português. Já tentou fazer versões dos seus próprios poemas para outros idiomas? (Caso a resposta seja positiva, por favor, fale um pouco da recepção e da crítica. Caso a resposta seja negativa, por favor, diga por quê.)
m — Sim. A minha condição é bilíngue. Italiano e português. Escrevi em italiano e em outras expressões, mas o português é meu centro de gravidade. Escrevi em russo um poema à saudosa escritora búlgara Svoboda Batchvarova, no livro *Meridiano celeste & bestiário*, de 2006, o qual segue na próxima página, com a versão em português.

Свобода Бочварова

> Вхожу я в темнъе храмы
> А Блок

Всю жизнь всю ночь
    и вопрос о родине

    и где и когда

быть можеть

    в небе за рекой

    на заре

    в сердце слова

я знаю и жду

    ясней горизонт

родина моя

    на сияющем образе Христа

Svoboda Batchvarova

> Vago por templos obscuros
> A Blok

Vida   noite

    e a questão da pátria

    e onde e quando

talvez

    no céu   além do rio

    na aurora

    no coração da palavra

sei e espero

    claros horizontes

minha pátria

    resplandece no rosto de Jesus

REFERÊNCIAS BIBLIOGRÁFICAS

Texto russo utilizado:
KHLIÉBNIKOV, Vielimir. *Tvorenia*. Moscou: Sovietski Pisatel, 1986.
Além do livro:
PIETZOVA, Natalia. *Slovar' nieologuizmov Vielimira Khliebnikova.*
Viena: Wiener Slawistischer Almanach, 1995.

Principais traduções consultadas:
CAMPOS, Augusto e Haroldo & SCHNAIDERMAN, Boris. *Poesia russa moderna*. São Paulo: Brasiliense, 3ª edição.
RIPELLINO, Angelo. *Poesie di Chlebikov*. Turim: Einaudi, 1989, 2ª edição.
TRIOLET, Elsa. *La Poésie russe*. Paris: Seghers, 1965.

Textos gerais:
ARTAUD, Antonin. *Oeuvres*. Paris: Gallimard, 1956. BLOK, Alieksandr. *Stichotvorienia i poemy*. Minsk: Mastátskaia Literatura, 1989.
BORGES, J.L. *Historia de la noche*. Buenos Aires: Emecé, 1977.
BUDGE, Wallis. *A religião egípcia*. São Paulo: Cultrix, 1990.
CAPOLAVORI nei secoli. Milão: Fabbri, 1962.
CARR, E.H. *A revolução bolchevique*. Porto: Afrontamento, 1979.
DELEVOY, Robert. *Dimensioni del XX secolo*. Milão: Skira-Fabbri, 1975.
DRIOTON, Étienne. *L'Égypte pharaonique*. Paris: Armand Colin, 1959.
HIPPOKRATES. *Fünf auserlesene schriften* (organizado por Wilhelm Capelle). Frankfurt am Main: Fischer Bücherei, 1959.
HUART, C. *La Perse antique*. Paris: La Renaissance du Livre, 1925.
KANDINSKI, Wassili. *Um olhar sobre o passado*. São Paulo: Martins Fontes, 1991.
KIRK, G.S. & RAVEN, J.E. *Os filósofos pré-socráticos*. Lisboa: Calouste, s/d.
LERMONTOV, Mikhail. *Il demone* (texto bilíngue). Milão: Rizzoli, 1990.
LO GATTO, Ettore. *Profilo dela letteratura russa*. Milão: Mondadori, 1975.
MANDELBROT, Benoît. *Objetos fractais*. Lisboa: Gradiva, 1991.
MARKOV, Vladimir. *The Longer Poems of Velimir Khliébnikov*. California: University of California Press, 1962.
MIRSKII, D.P. *Storia della letteratura russa*. Milão: Garzanti, 1977.
MURRAY, Margaret. *The Splendor That Was Egypt*. Nova York/Washington: Praeger, 1972.
NIETZSCHE, G.W. *Werke*. Munique: Carl Hanser, 1954.
POMORSKA, K. *Formalismo e futurismo*. São Paulo: Perspectiva, 1972.
SPINOZA, Baruch. *Éthique*. Paris: Vrin, 1983.
STIERLIN, Henri. *The Cultural History of Persia*. Londres: Aurum Press, 1984.
TOYNBEE, Arnold. *A humanidade e a mãe-terra*. Rio de Janeiro: Zahar, 1979.
TZVIETÁIEVA, Marina. *Sochinienia*. Minsk: Naródnaia Asviéta, 1988.

© Bem-Te-Vi Produções Literárias
Estrada da Gávea, 712, sala 502 – São Conrado
Rio de Janeiro – RJ
CEP 22610-002
e-mail: bem-te-vi@bem-te-vi.net
www.editorabemtevi.com.br

Proibida toda forma de reprodução desta edição
por qualquer modo ou forma, eletrônica,
mecânica, fotocopiada, gravada ou por qualquer meio
sem autorização expressa do autor e da editora.

Editora responsável
VIVI NABUCO

Editor executivo
SEBASTIÃO LACERDA

Assessor especial
FERNANDO PEDREIRA

Assessoria jurídica
MANOEL NABUCO

Seleção, tradução e notas
MARCO LUCCHESI

Ilustrações
RITA SOLIÉRI

Coordenadora de projetos
LIANA PÉROLA SCHIPPER

Produção gráfica
MARCELLO BRAGA MACHADO

Apoio à produção
PÊTTY AZEREDO

Projeto gráfico, diagramação e capa
RAUL LOUREIRO / CLAUDIA WARRAK

Conselho Consultivo da Bem-Te-Vi
ANA ARRUDA CALLADO
ANNA LETYCIA
ARMANDO FREITAS FILHO
CLÁUDIO MELLO E SOUZA
in memoriam
GILBERTO VELHO
in memoriam
LUIZ PAULO HORTA
in memoriam
MARCO LUCCHESI
MARIO CARNEIRO
in memoriam
MOACIR WERNECK DE CASTRO
in memoriam
RICARDO CRAVO ALBIN
SÉRGIO AUGUSTO
SÉRGIO RODRIGUES
SILVIANO SANTIAGO
VERA PEDROSA

Esta edição segue o Acordo Ortográfico da Língua Portuguesa em vigor desde 2009.

Foi feito o Depósito Legal junto à Fundação Biblioteca Nacional.

CIP-BRASIL. CATALOGAÇÃO NA PUBLICAÇÃO
SINDICATO NACIONAL DOS EDITORES DE LIVROS, RJ

K56e
Khliébnikov, Vielimir, 1885-1922
Eu e a Rússia : poemas de Khliébnikov / Vielimir Khliébnikov ; organização, seleção, tradução e notas Marco Lucchesi ; [coordenação Sebastião Lacerda] ; [ilustrações Rita Soliéri]. — Rio de Janeiro : Bem-Te-Vi, 2014.
80 p. : il. ; 19 cm.
Tradução de: poemas de Khliébnikov
Inclui bibliografia
ISBN 978-85-88747-46-3
1. Poesia russa. I. Lucchesi, Marco. II. Lacerda, Sebastião. III. Soliéri, Rita. IV. Título.
14-11371 CDD: 891.71
CDU: 821.161.1-1
15/04/2014 24/04/2014

Este livro foi composto em Scala
e impresso na gráfica RR Donnelley
para a Bem-Te-Vi Produções Literárias,
em maio de 2014.